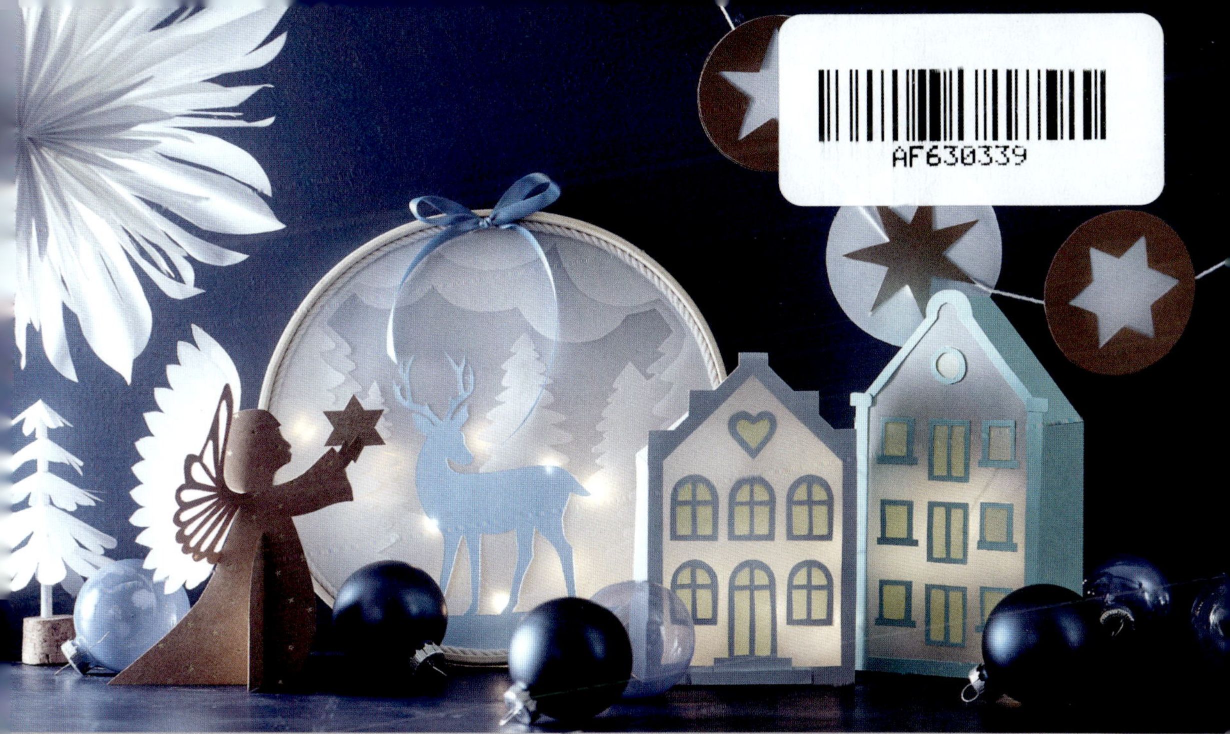

Engel, Sterne und verschneite Tannen – welche Motive könnten unsere Sehnsucht nach Ruhe und Besinnung besser zum Ausdruck bringen? In diesem Buch versammeln sich die schönsten Winter- und Weihnachtsmotive. Alle Ideen sind mit schlichten Papieren gearbeitet. Puristisches Weiß mischt sich dabei mit edlem Gold und dezenten Natur- und Pastelltönen. Der Clou aber ist das durchscheinende Transparentpapier, das bei jedem Modell zum Einsatz kommt. Es verleiht den Modellen zusätzlich Eleganz und Leichtigkeit. Egal, ob Sie nach einer schönen Dekoration für den Tisch, das Fenster oder die Eingangstüre suchen, in diesem Buch werden Sie garantiert fündig.

Viel Spaß beim Basteln und Dekorieren!

Susanne Pypke

Die Vorlagen zu diesem Buch stehen Ihnen in Ihrer Digitalen Bibliothek unter www.topp-kreativ.de/digibib.
Der Freischalte-Code lautet: 51578

Filigraner Engel

mit weißem Kleidchen

MOTIVHÖHE
18 cm

MATERIAL
- Tonkarton in Weiß, 20 cm x 20 cm
- Tonkartonrest in Gold-Metallic
- Transparentpapier in Weiß, 80 g/m², A5
- feiner Acrylmarker in Weiß
- UHU® Alleskleber
- Faden (optional)

VORLAGE
Bogen 1B

1 Mit Hilfe der Vorlagen die einzelnen Teile für das Modell zuschneiden. Den Engel aus dem weißen Tonkarton, den Kragen, die Posaune und den Heiligenschein aus dem goldfarbenen Tonkarton ausschneiden. Das Kleid wird aus Transparentpapier zugeschnitten.

2 Am Saum des Kleides mit etwa 1 cm Abstand zur Kante mit dem weißen Acrylmarker eine Linie ziehen. Danach zwischen der Saumkante und der weißen Linie mit gleichmäßigem Abstand kleine Sternchen aufmalen. Trocknen lassen.

3 Das Kleid an den Strichlinien falten, sodass das mittlere Teil plastisch hervorsteht. Dazu das Transparentpapier deckungsgleich auf die Vorlage legen und die Strichlinien vorsichtig mit dem Falzbein an einem Lineal entlang nachziehen. Danach das Papier an den eingeprägten Linien nach vorn und nach hinten falten.

4 Das Kleid wie abgebildet auf den Engel kleben. Oben am Halsausschnitt den Kragen aufkleben. Den Heiligenschein und die Posaune auf der Rückseite aufkleben. Zum Schluss bei Bedarf auf der Rückseite einen Faden für die Aufhängung anbringen.

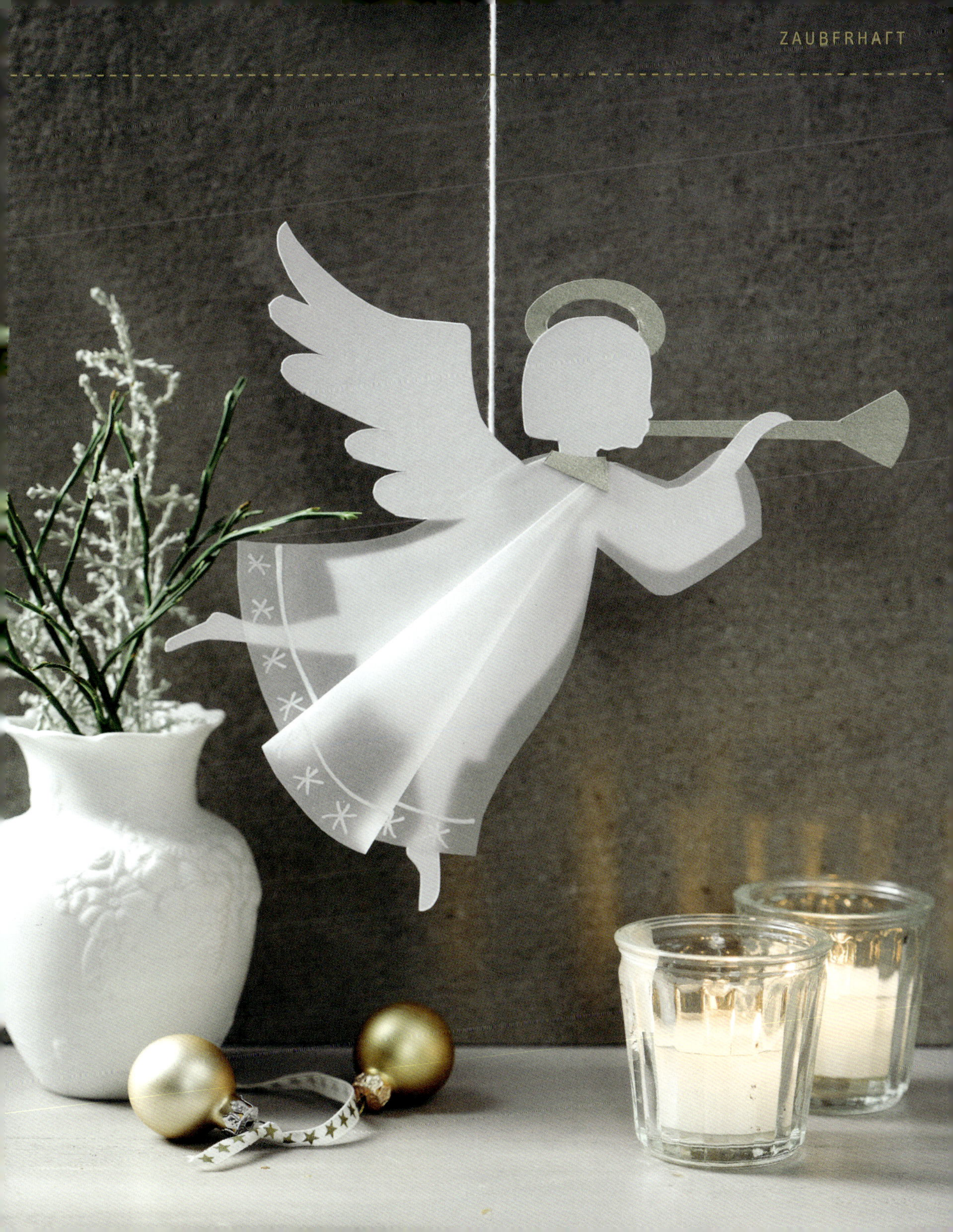

Kleine Anhänger

mit zarten Motiven

MOTIVHÖHE
9 cm

MATERIAL
* Tonkarton in Kraftpapieroptik, A4
* UHU® Alleskleber
* Nadel
* Bäckergarn oder Papierkordel in Weiß-Grau
* Holzperlen in Weiß, ø 8 mm
* Tonpapierreste in Weiß
* Transparentpapierreste in Weiß, 115 g/m^2
* Locher

VORLAGE
Bogen 4A

1 Die Vorlage für die Rahmen auf braunen Tonkarton übertragen. Die Streifen an den gestrichelten Linien falzen und zum Haus falten. Die 1 cm breite Klebelasche mit Klebstoff bestreichen und innen auf den Boden des Hauses kleben.

2 Für die Aufhängung mit einer Nadel oben ein Loch in das Hausdach stechen. Ein 30 cm langes Stück Kordel doppelt nehmen, durch eine Perle fädeln und durch das Loch ziehen. Die Enden innen so verknoten, dass sie etwa 3–4 cm überstehen. Hier werden später die Motive angebracht.

3 Mit Hilfe der Vorlagen die Teile für die Anhänger aus Ton- und Transparentpapier zuschneiden. Die Beeren des Mistelzweiges werden aus braunem Tonkarton gefertigt. Beim Pilz die Punkte mit dem Locher in den Hut stanzen.

4 Die Teile wie abgebildet zusammenfügen. Dabei beim Stern, beim Pilz und bei den Flügeln die Kordelenden mit einkleben, sodass die Motive in der Mitte des Hauses hängen. Beim Mistelzweig zusätzlich ein Stück Kordel als Schleife umbinden.

5 An der großen Tanne die Klebelasche in der Mitte einschneiden. Je eine Hälfte nach vorn und eine nach hinten falten. Die große Tanne mit den Klebelaschen in das Haus kleben und die kleine Tanne auf der großen anbringen. Die Enden der Kordel knapp abschneiden.

Mein Tipp für Sie

Der Rand des Hauses kann mit einem persönlichen Gruß oder mit einem Spruch beschriftet werden, am schönsten in Weiß.

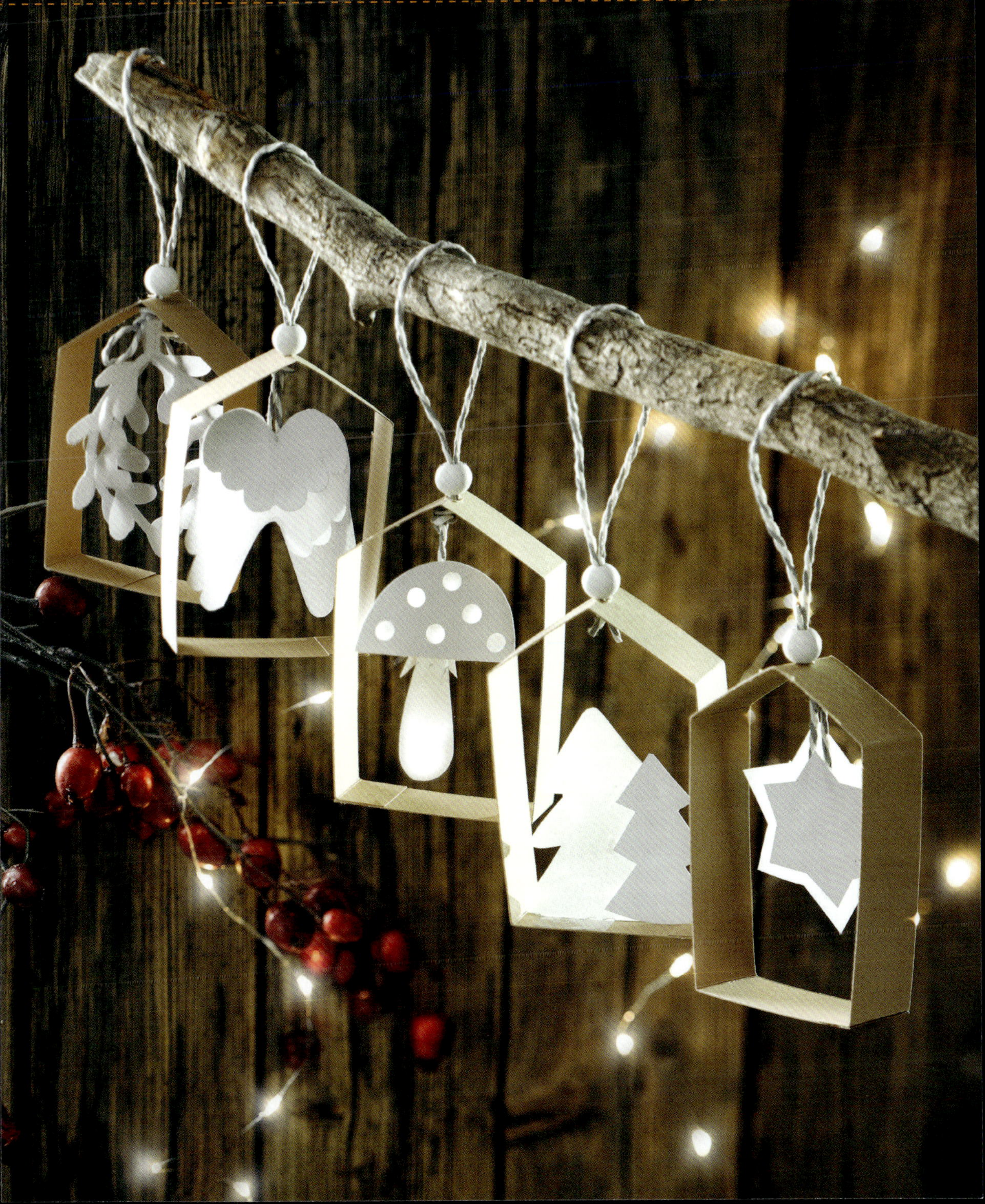

Niedliches Rotkehlchen

im dekorativen Ring

MOTIVGRÖSSE
ø 16 cm

MATERIAL

* Tonkartonrest in Weiß
* Tonpapierreste in Hellblau, Hellbraun und Rosa
* Transparentpapierreste in Weiß, 115 g/m^2
* UHU® Alleskleber
* feiner Filzstift in Schwarz
* Tonkartonstreifen in Weiß, 300 g/m^2, 55 cm x 5 cm
* dicker Faden in Weiß
* Nadel mit großem Öhr
* Holzperlen in Natur, ø 1 cm und ø 1,5 cm

VORLAGE
Bogen 3A

1 Den weißen Vogel, den hellblauen Schnabel, das braune Kopfteil und die rosa Brust mit Hilfe der Vorlagen aus Tonkarton ausschneiden. Wenn der Vogel auf beiden Seiten gestaltet werden soll, werden die farbigen Teile je zweimal benötigt.

2 Die Federteile und die Zweigteile aus Transparentpapier ausschneiden. Wenn der Vogel auf der Rückseite ebenfalls ein Federkleid haben soll, werden die Teile je zweimal benötigt.

3 Die Federteile lose aufeinander kleben und auf dem Vogel anbringen. Danach den rosa Bauch, das braune Kopfteil und zuletzt den Schnabel anbringen. Die Position ist auf dem Vorlagenbogen mit dünnen Strichlinien eingezeichnet. Mit dem Filzstift das Auge und die Trennlinie am Schnabel aufmalen.

4 Die transparenten Zweigteile am Rand entlang mit der Schere fransig einschneiden und von hinten an die Zweige kleben. Den Tonkartonstreifen vier Zentimeter überlappend zum Ring kleben. Mittig in die Klebefläche mit der Schere ein Loch machen.

5 Den Vogel zwischen Zeigefinger und Daumen ausbalancieren. An der entsprechenden Stelle den Faden aufkleben. Das andere Ende in die Nadel fädeln. Die kleine Perle aufziehen und den Faden noch einmal in die gleiche Richtung durch die Perle ziehen. Dann den Faden von innen nach außen durch den Ring ziehen und die große Perle auffädeln.

6 Den Faden an der kleinen Perle so einstellen, dass der Vogel schön in der Mitte des Ringes hängt. Danach das Modell aufhängen.

Mein Tipp für Sie

Beim Tonkartonstreifen für den Ring darauf achten, dass das Papier so zugeschnitten wird, dass sich der Streifen leicht zu einem Ring biegen lässt.

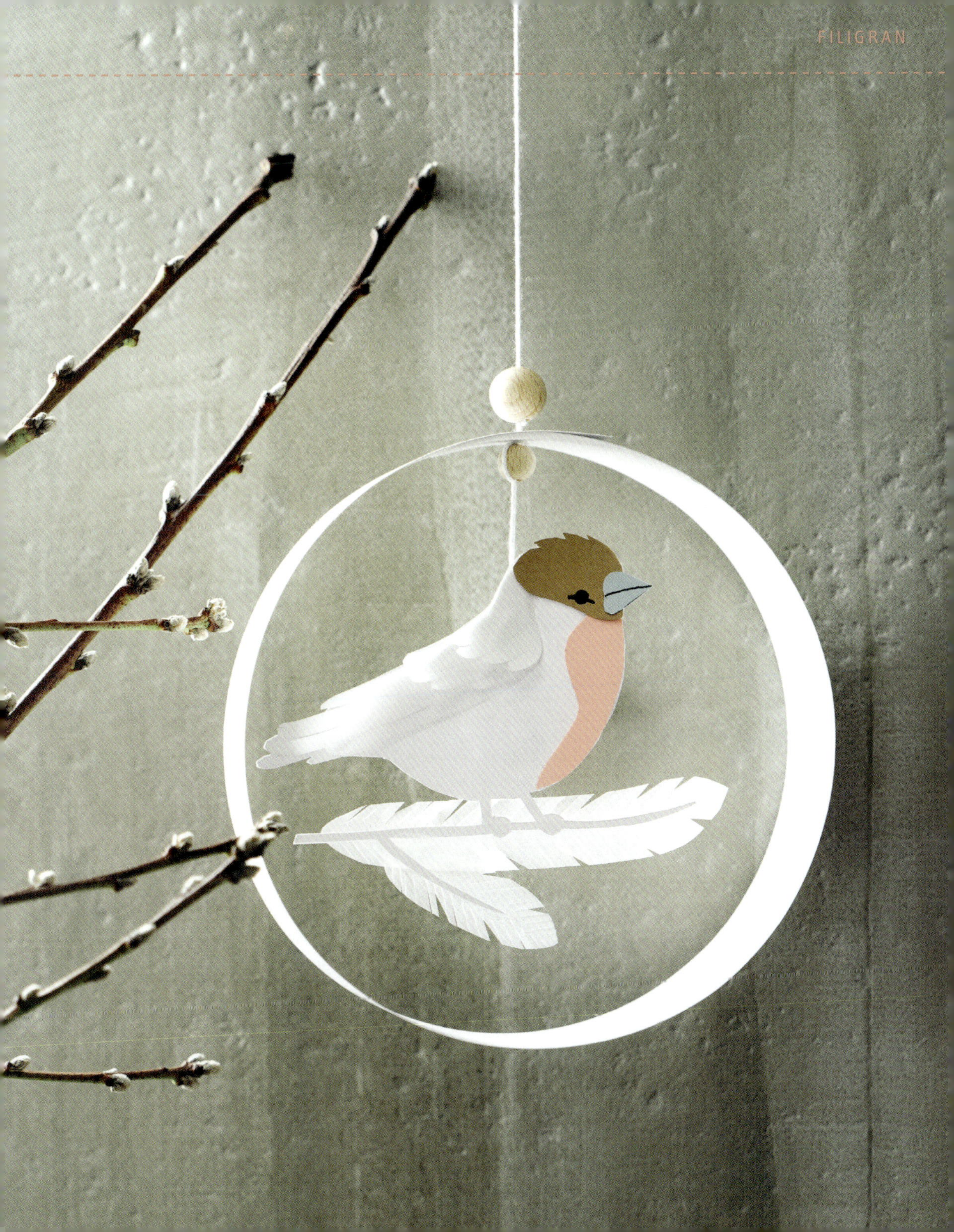

Leuchtende Häuser

sorgen für gemütliche Stimmung

MOTIVHÖHE
16,5–20 cm

MATERIAL

* Tonkarton oder Cardstock-Papier in 4 Blautönen, je A4
* Tonkarton- oder Cardstock-Papierrest in passendem Blauton
* 4x Transparentpapier in Weiß, 115 g/m², A5
* Seidenpapier in Gelb, A5
* UHU® Alleskleber
* LED-Teelichter oder Mini-Lichterkette

VORLAGE
Bogen 3A, 3B

1 Eine Kopie der Vorlage mit der Fassade erstellen und auf den Tonkarton- bzw. auf das Cardstock-Papier heften. Die Fenster und die Türen ausschneiden. Dabei zuerst die Innenflächen mit dem Cutter und dann die Kontur ausschneiden.

2 Die zusätzlichen Teile für die Treppe, das Dach, den Kamin und die Fassade ausschneiden. Für die Kirche wird außerdem aus dem farblich passenden Papierrest der Kirchturm zugeschnitten.

3 Das Transparentpapier für die Fassaden mit Hilfe der Vorlagen zuschneiden. Außerdem die Fenster und Türen noch einmal aus gelbem Seidenpapier zuschneiden.

4 Die Transparentpapier-Fassaden von hinten aufkleben. Danach mit Hilfe der Vorlage die Fenster und Türrahmen aufkleben – auch am Kirchturm. Nach dem Trocknen das gelbe Seidenpapier auf der Rückseite auf die Fenster und Türen kleben.

5 Die Details wie Kirchturm, Stufen, Schlusssteine, Schornstein und Dachteile aufkleben. Dann die angeschnittenen Seiten der Häuser an den Strichlinien falzen und im 90-Grad-Winkel nach hinten falten.

6 Zum Schluss den Dachstreifen der Häuser mit Hilfe der Vorlage zuschneiden, an den Strichlinien falten und rechts und links von innen an die Seite der Häuser kleben.

7 Die Häuser mit LED-Teelichtern oder einer Lichterkette von hinten beleuchten.

Mein Tipp für Sie

Die Treppenstufen können auch mit Abstandshaltern (z. B. Schaumklebeband) angebracht werden, damit sie plastischer wirken.

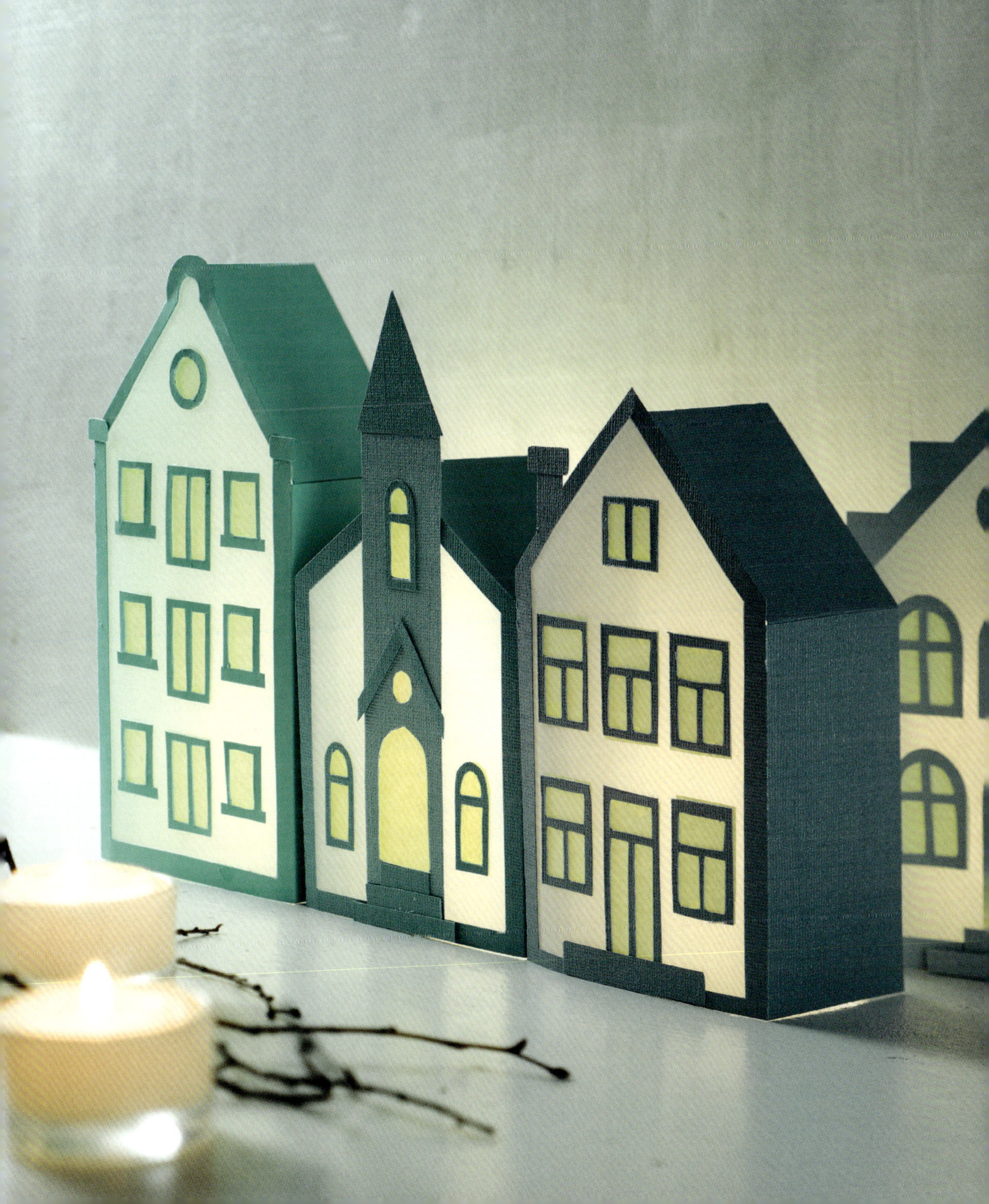

Verschneite Tannen

so zart wie Schneeflocken

MOTIVHÖHE
14–19 cm

MATERIAL

- Transparentpapier in Weiß, 43 g/m² (Drachenpapier), A4
- Schreibpapier in Weiß, A4
- UHU® Alleskleber
- 2 Sektkorken
- 2 Schaschlikstäbchen
- 2 Papiertrinkhalme in Weiß

VORLAGE
Bogen 4B

1 Aus dem Transparentpapier für den kleinen Baum zwei Quadrate (6 cm x 6 cm und 9 cm x 9 cm) zuschneiden. Für den großen Baum drei Quadrate zuschneiden: 5,5 cm x 5,5 cm, 7,5 cm x 7,5 cm und 11,5 cm x 11,5 cm groß.

2 Aus dem Schreibpapier für den kleinen Baum drei Quadrate zuschneiden: 5 cm x 5 cm, 7, 5 cm x 7,5 cm und 10,5 cm x 10,5 cm groß. Für den großen Baum vier Quadrate zuschneiden: 4 cm x 4 cm, 6,5 cm x 6,5 cm, 9 cm x 9 cm und 13 cm x 13 cm.

3 Die Zuschnitte, wie auf der hinteren Umschlagklappe beschrieben, falten. Jeweils die passende Vorlage anzeichnen und das Motiv durch alle Lagen ausschneiden. Das Papier vorsichtig öffnen und glattstreichen.

4 Jedes Papier an einer Faltlinie bis zur Mitte einschneiden. Bei den Zuschnitten für die Tannenspitze die Schnittkanten so aufeinander kleben, dass der Zuschnitt zu einem spitzen Kegel mit nur noch sechs Zacken wird. Die übrigen Zuschnitte zu flachen Kegeln mit jeweils sieben Zacken kleben.

5 Das obere, runde Ende der Korken abschneiden. In das untere mittig ein Loch machen und ein Schaschlikstäbchen einkleben. Die Trinkhalme in Stücke schneiden. Für den kleinen Baum werden vier etwa 2 cm lange Stücke als Abstandshalter und ein etwa 4 cm langes Stück als Stamm benötigt. Für den großen Baum werden sechs etwa 2 cm lange Abstandshalter und ein 5,5 cm langer Stamm benötigt.

6 Zuerst den Stamm auf das Schaschlikstäbchen fädeln, dann im Wechsel die Papierzuschnitte und die Abstandshalter aufziehen. Dabei mit dem größten Zuschnitt beginnen. Das Schaschlikstäbchen 5 mm über dem letzten Abstandshalter abschneiden und die Tannenspitze aufkleben.

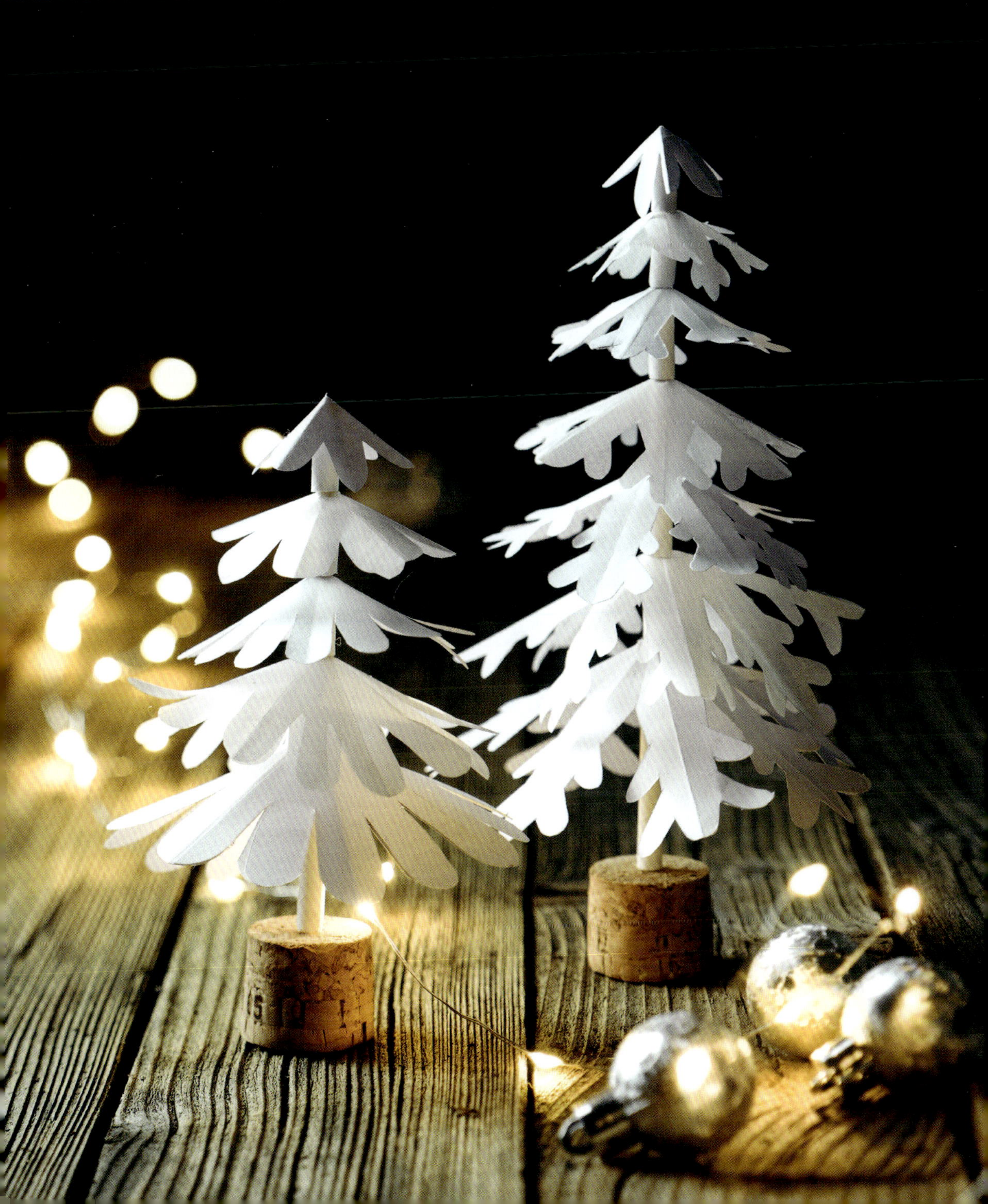

Kranz aus Mistelzweigen

in schönen Grüntönen

MOTIVGRÖSSE
ø 30 cm

MATERIAL

* 2x Aquarellkarton in Grün, A4
* Transparentpapier in Hellgrün, A4
* Transparentpapier in Grün mit Pünktchen, A4
* Metallring in Weiß, ø 25 cm
* Heißkleber
* Tonkartonrest in Weiß
* Abstandsklebepunkte
* Satinband in Weiß und Hellgrün, 5–10 mm breit, je 40 cm lang
* Garn in Weiß

VORLAGE
Bogen 1A

1 Die drei Mistelzweigvorlagen je achtmal aus den Papieren zuschneiden. Den großen Zweig aus dem grünen Aquarellkarton, den mittleren Zweig aus dem hellgrünen Transparentpapier und den kleinen Zweig aus dem Transparentpapier mit Pünktchen ausschneiden. Das Papier dazu am besten vierfach legen, sodass mit einem Arbeitsaufwand immer gleich vier Motive entstehen.

2 Zuerst die großen Zweige gleichmäßig verteilt auf dem Ring platzieren und mit dem Heißkleber aufkleben. Darüber die mittleren Zweige anbringen. Das obere Blattpaar ragt dabei immer etwas in die Mitte des Rings. Zum Schluss die kleinen Zweige von hinten aufkleben, sodass sie außen am Rand hervorschauen.

3 Die Blätter der Zweige etwas in Form biegen, sodass der Kranz lebendiger wirkt. Aus dem weißen Tonkartonrest ungefähr zehn Beeren ausschneiden und mit Abstandsklebepunkten aufkleben. Die Satinbänder zur Schleife binden und oben aufkleben. Zuletzt auf der Rückseite das Garn für die Aufhängung anbringen.

Mein Tipp für Sie

Für die Beeren können auch weiße Mini-Pompons verwendet werden.

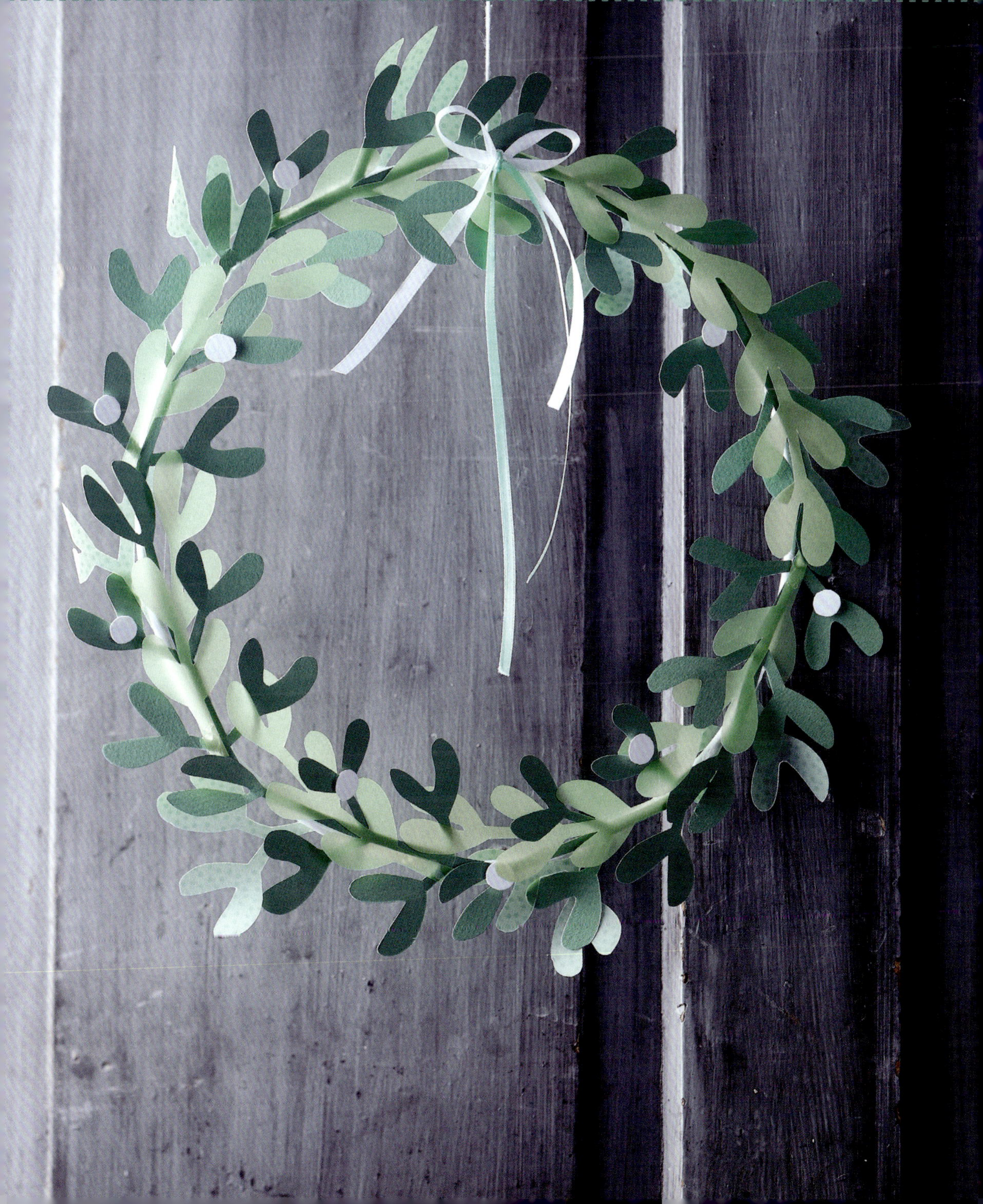

Schlichte Sternengirlanden

in dezenter Kraftpapieroptik

MOTIVGRÖSSE
ø 8 cm, ø 9 cm und ø 10 cm

MATERIAL

* Tonpapier in Kraftpapieroptik, A3
* Transparentpapier in Weiß, 115 g/m², A3
* Baumwollgarn in Weiß
* UHU® Alleskleber

VORLAGE
Bogen 1A

1 Für jeden Anhänger der Girlande werden ein Kreis aus Transparentpapier und zwei passende Teile aus Kraftpapier benötigt. Mithilfe der Vorlage die einzelnen Teile der Girlande zuschneiden. Bei den Kraftpapierkreisen zuerst die Sterne im Inneren mit dem Cutter ausschneiden und dann die Kreisform mit der Schere herauslösen. Dabei vorsichtig vorgehen, damit die ausgeschnittenen Sterne für die Girlanden verwendet werden können.

2 Wenn die gewünschte Anzahl an Kreisen und Sternen zugeschnitten wurde, werden die einzelnen Teile zusammengesetzt. Dabei unbedingt darauf achten, dass die Kraftpapierteile deckungsgleich sind. Jeweils ein Kraftpapierteil auf jeder Seite der Transparentpapierkreise aufkleben. Bei den transparenten Kreisen können die Teile einfach um die Schnur herum zusammengefügt werden. Bei den Kraftpapierkreisen wird oben und unten je ein Stück Schnur eingelegt, damit im transparenten Ausschnitt in der Mitte keine Schnur zu sehen ist.

Mein Tipp für Sie

Die Sternkreise eignen sich auch als Anhänger für Geschenke oder für den Weihnachtsbaum.

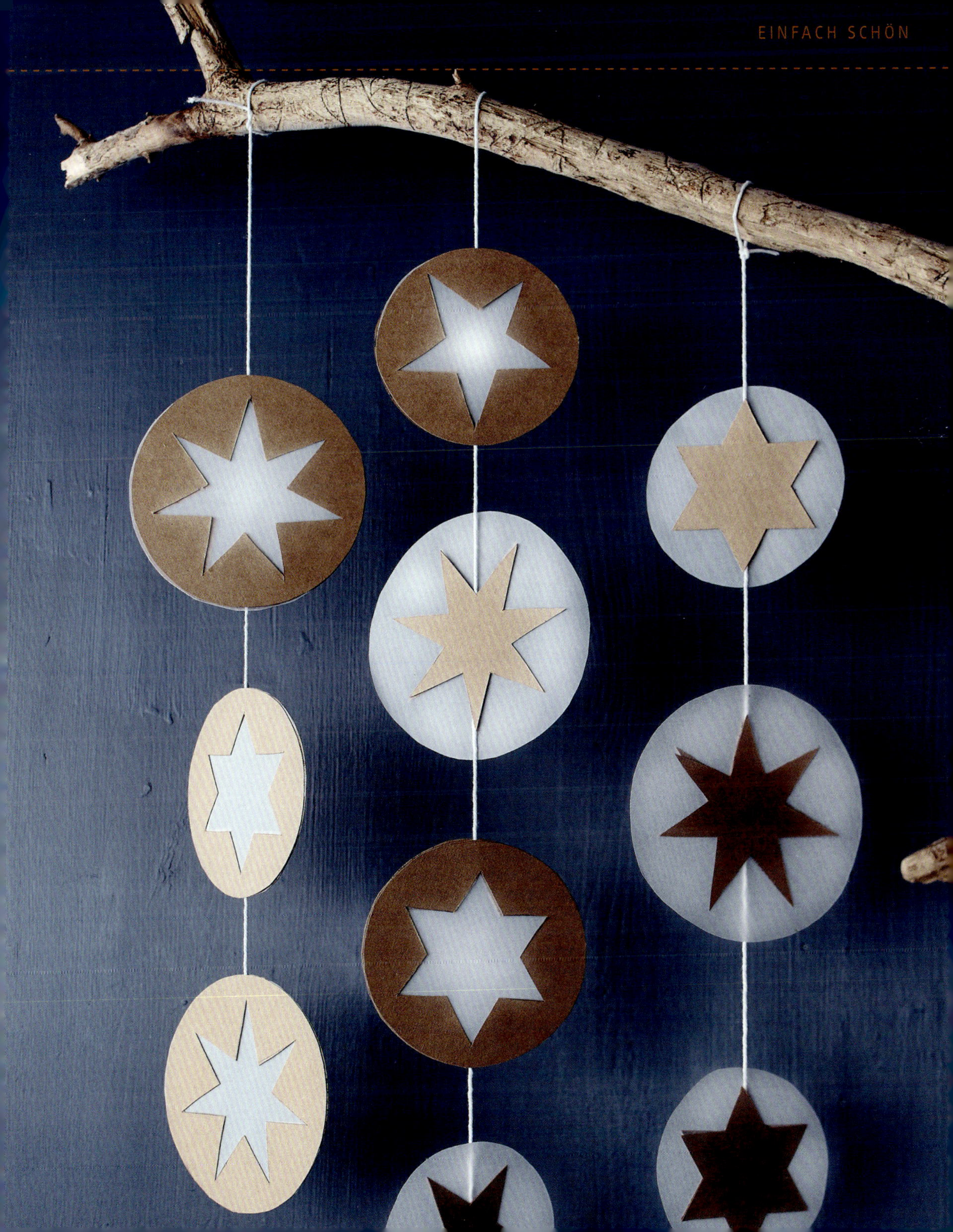

Elegantes Windlicht

mit leuchtenden Schneeglöckchen

MOTIVHÖHE
18 cm

MATERIAL

* Transparentpapier in Weiß, 115 g/m^2, 18 cm x 41 cm
* Klebefilm
* Aquarellpapier mit einseitiger Wabenstruktur in Grün, 18 cm x 41 cm
* UHU® Alleskleber
* Windlicht mit Kerze

VORLAGE
Bogen 2A

1 Die Vorlage für die Transparentpapier-Banderole mit Klebefilm am Transparentpapierzuschnitt fixieren und die einzelnen Teile der Blüten ausschneiden. Das gelingt am besten, wenn zuerst das mittlere Blütenblatt und dann die seitlichen ausgeschnitten werden. Danach die Vorlage entfernen.

2 Die Vorlage für die grüne Banderole außerhalb des Motivs mit dem Tacker auf dem Papier fixieren. Zuerst die einzelnen Blüten ausschneiden, dann die Stiele mit den Blütenansätzen und zum Schluss die vielen grünen Blätter am unteren Rand. Die dünnen Stiele der Blüten sehr vorsichtig und knapp außerhalb der Linien herauslösen.

3 Die grüne Banderole auf der Rückseite mit dem Klebstoff bestreichen und passgenau auf die transparente Banderole kleben. Auf der Rückseite die grünen Blütenteile hinter die Ausschnitte kleben. Die seitliche Klebefläche der Banderole mit Klebstoff bestreichen und zum Ring schließen. Die Klebefläche oben und unten mit einer Wäscheklammer fixieren, bis der Klebstoff getrocknet ist.

4 Zum Schluss ein Windlicht mit Kerze in die Mitte stellen.

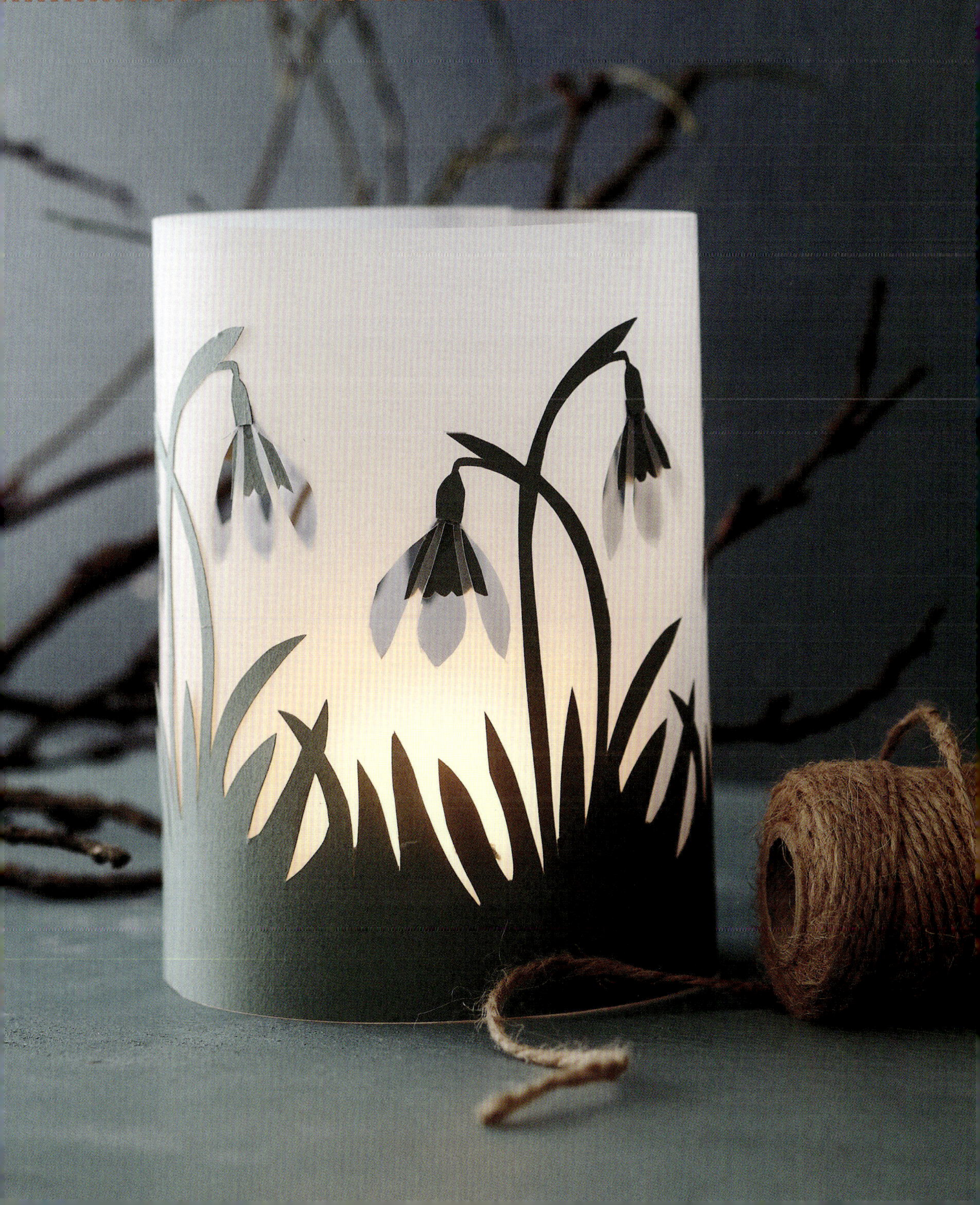

Schwibbogen aus Papier

mit klassischer Krippenszene

MOTIVGRÖSSE
29,5 cm x 17,5 cm

MATERIAL

* Tonkarton in Weiß, A4
* Transparentpapier in Pastellblau, 115 g/m², A5
* Transparentpapierreste in Gelb und Pastellgelb, 115 g/m²
* UHU® Alleskleber
* Holzleiste, 4,5 cm x 2,8 cm x 29 cm
* Tonkartonstreifen in Weiß, 4,5 cm x 52 cm
* Heißkleber
* LED-Teelichter oder Mini-Lichterkette (optional)

VORLAGE
Bogen 3A, 4A

1 Die einzelnen Motive ausschneiden. Dazu die Vorlagen auf den entsprechenden Papieren platzieren und außerhalb der Motive mit Heftklammern fixieren. Zuerst die Strichlinien falzen, an denen die Klebeflächen später gefaltet werden, dann die Figuren, die Tiere, die Bäume und die Teile des Hauses ausschneiden.

2 Beim Stern zuerst mit dem Cutter die Innenschnitte machen. Dann auf der Rückseite ein Stück pastellgelbes Transparentpapier aufkleben. Erst danach die Kontur durch alle Papierlagen ausschneiden.

3 An allen Teilen die Klebeflächen an den Strichlinien im 90-Grad-Winkel nach hinten falten. Den Transparentpapierzuschnitt von hinten an das Haus kleben. Danach die Türe und die drei Fenster aufkleben.

4 Das Haus, die Figuren, die Tiere und die Bäume auf der Holzleiste arrangieren und mit UHU® Alleskleber an den Klebeflächen aufkleben. Das Haus und die transparenten Tannen ganz hinten anbringen. Davor, ungefähr auf einer Linie, die weißen Tannen und das Heilige Paar mit der Krippe. Davor stehen, wieder ungefähr auf einer Linie, Ochs und Esel.

5 Den Tonkartonstreifen mit Heißkleber rechts und links an die schmale Seite der Holzleiste kleben. Den Stern oben mittig in den Bogen kleben. Den fertigen Schwibbogen ans Fenster stellen oder von hinten mit LED-Teelichtern oder einer Mini-Lichterkette beleuchten.

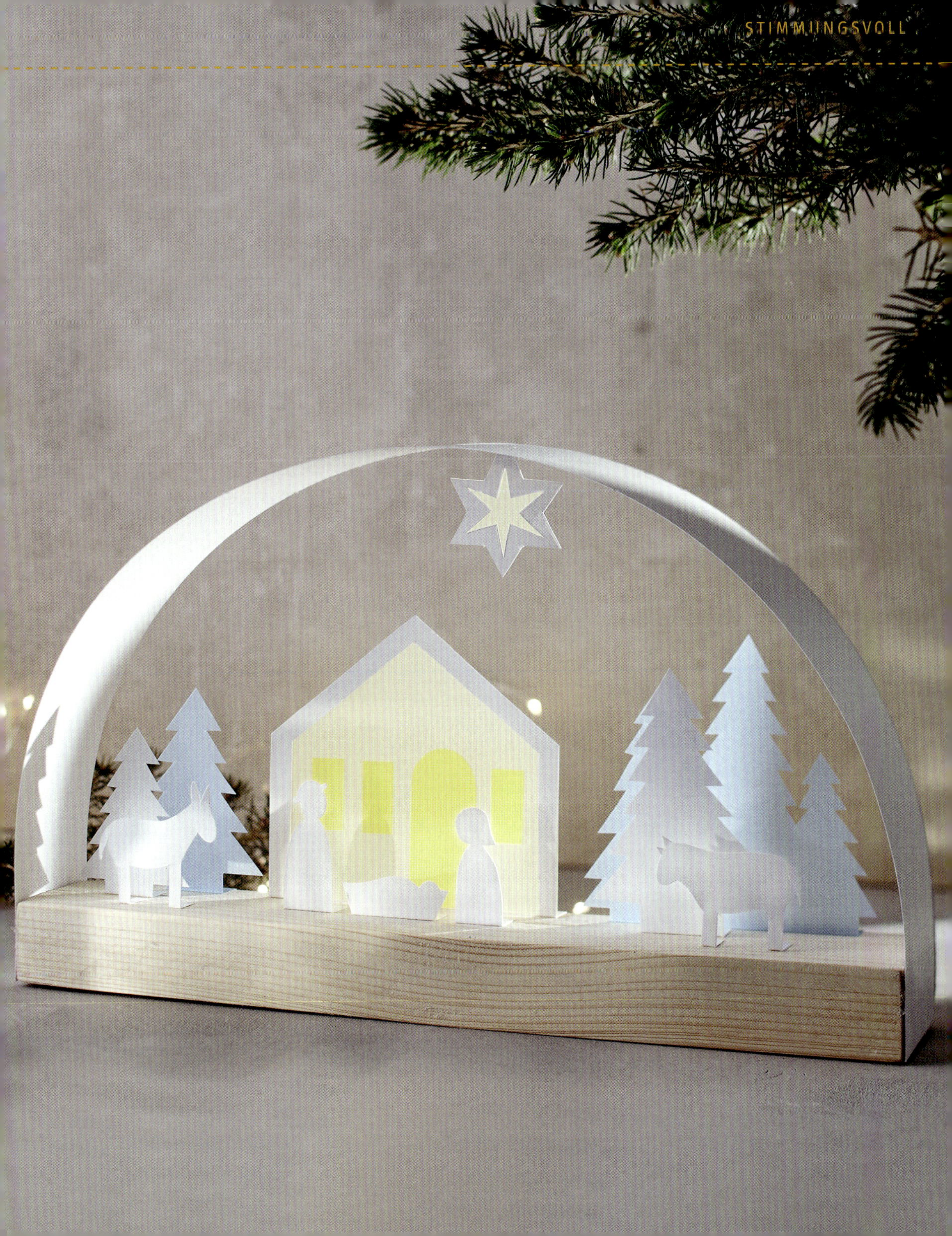

Hirsch im Winterwald

liebt einen Platz am Fenster

MOTIVGRÖSSE
ø 25 cm

MATERIAL
* Briefpapier in Hellblau mit Perlglanz, A4
* 3x Transparentpapier in Weiß, 80 g/m², 27 cm x 27 cm
* UHU® Alleskleber
* Bambusring, ø 25 cm
* dicke Baumwollkordel in Natur, 80 cm lang
* Satinband in Hellblau, 1 cm breit, 50 cm lang

VORLAGE
Bogen 1B

1 Motiv A mit dem Hirsch aus dem hellblauen Briefpapierbogen ausschneiden. Die Motivteile B und C werden aus Transparentpapier zugeschnitten. Außerdem wird für den Hintergrund ein Kreis aus Transparentpapier benötigt. Dieser kann mit Hilfe von Vorlage B oder C angezeichnet und mit der Schere ausgeschnitten werden.

2 Zuerst Teil C und darüber Teil B auf dem Transparentpapierkreis anbringen. Dazu die Zuschnitte am äußeren Kreisrand schmal mit Klebstoff bestreichen und wie abgebildet aufeinander platzieren. Zum Schluss Teil A auf der Rückseite flächig mit Klebstoff bestreichen und auf dem Transparentpapierbild platzieren. Gut andrücken und trocknen lassen.

3 Den Bambusring auf der Rückseite mit Klebstoff bestreichen und passgenau auf das Bild kleben. Eventuell außen überstehendes Papier mit der Schere abschneiden. Die Baumwollkordel auf die passende Länge kürzen und innen in den Holzring kleben. Mit dem Satinband eine Schleife binden und oben am Ring anbringen.

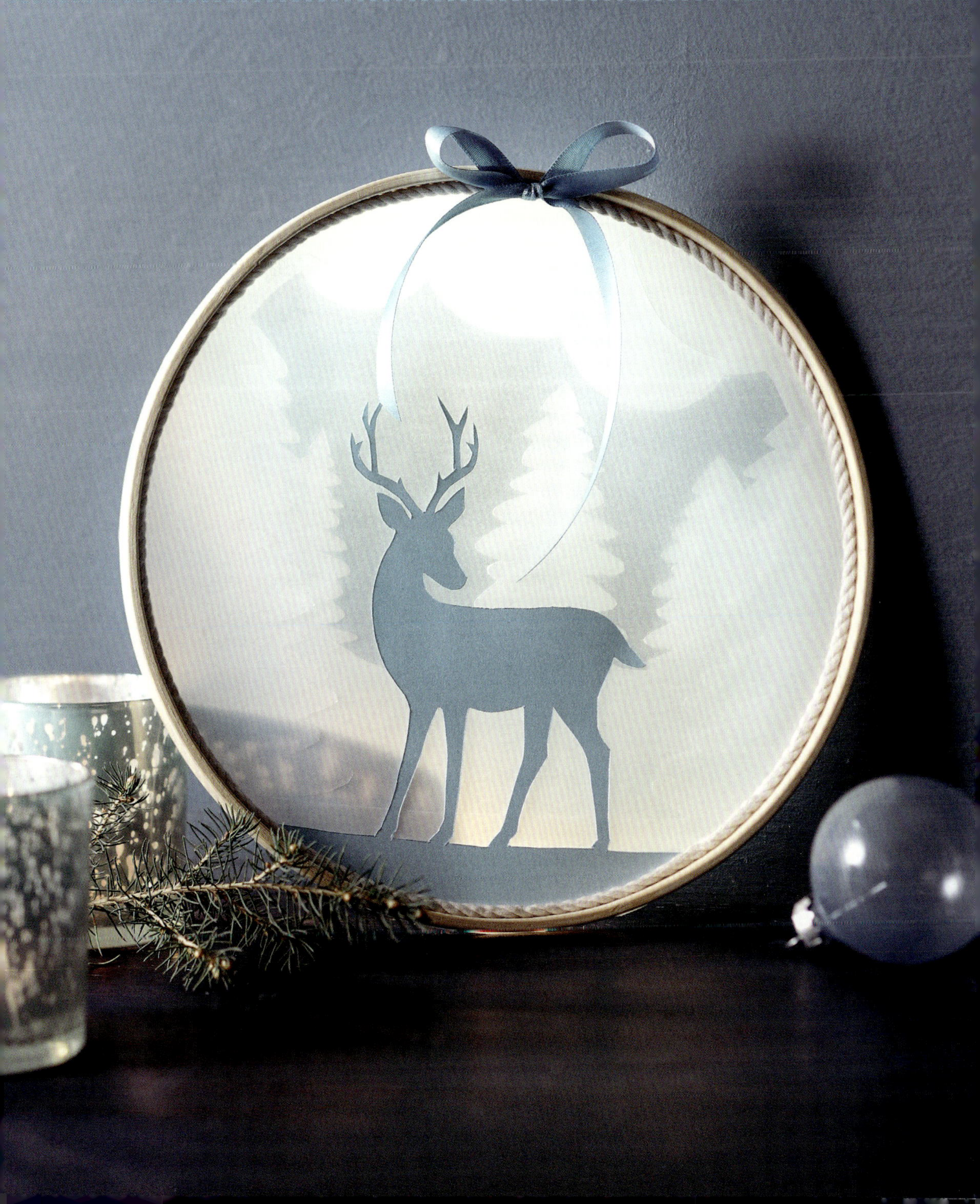

Weihnachtliche Engel

mit zarten Flügeln

MOTIVHÖHE
27 cm und 18 cm

MATERIAL

* Kraftkarton mit Spitzenmuster in Weiß, A3
* Kraftkarton mit Sternen in Gold, A4
* Tonpapierrest in Gold
* Transparentpapier in Weiß, 80 g/m², A3
* UHU® Klebestift
* UHU® Alleskleber

VORLAGE
Bogen 3B

1 Den Körper und das Rockteil je zweimal aus dem Kraftkarton zuschneiden, davon je einmal seitenverkehrt. Das geht am einfachsten, wenn die Papiere Rücken an Rücken doppelt gelegt werden und die Vorlage durch beide Lagen hindurch ausgeschnitten wird. Mit den Innenschnitten der Flügel beginnen. Den Innenschnitt zwischen den Haaren und dem Flügel nicht vergessen. Den Steckschlitz unten am Kleid und oben am Rockteil etwa 1 mm breit einschneiden.

2 Den Stern aus goldfarbenem Tonpapier zuschneiden. Für die Flügel das Transparentpapier doppeltlegen und die Vorlagen mit der Strichlinie an der Faltkante anlegen. Aus doppelter Papierlage zuschneiden. Danach die Flügel öffnen.

3 Die Körperteile des Engels mit dem Klebestift aufeinander kleben. Den Stern zwischen den Händen des Engels einkleben. Die Flügel bleiben lose und werden etwas auseinandergebogen.

4 Die Rückseite der Kraftpapier-Flügel mit UHU® Alleskleber bestreichen und den kleinen Transparentpapier-Flügel aufkleben. Dann wieder Klebstoff auftragen (über der Klebefläche der kleinen Flügel) und die großen Transparentpapier-Flügel aufkleben. Gut andrücken und trocknen lassen.

5 Zum Schluss die Rockteile aufeinanderkleben, von unten auf den Engel stecken und den Engel aufstellen.

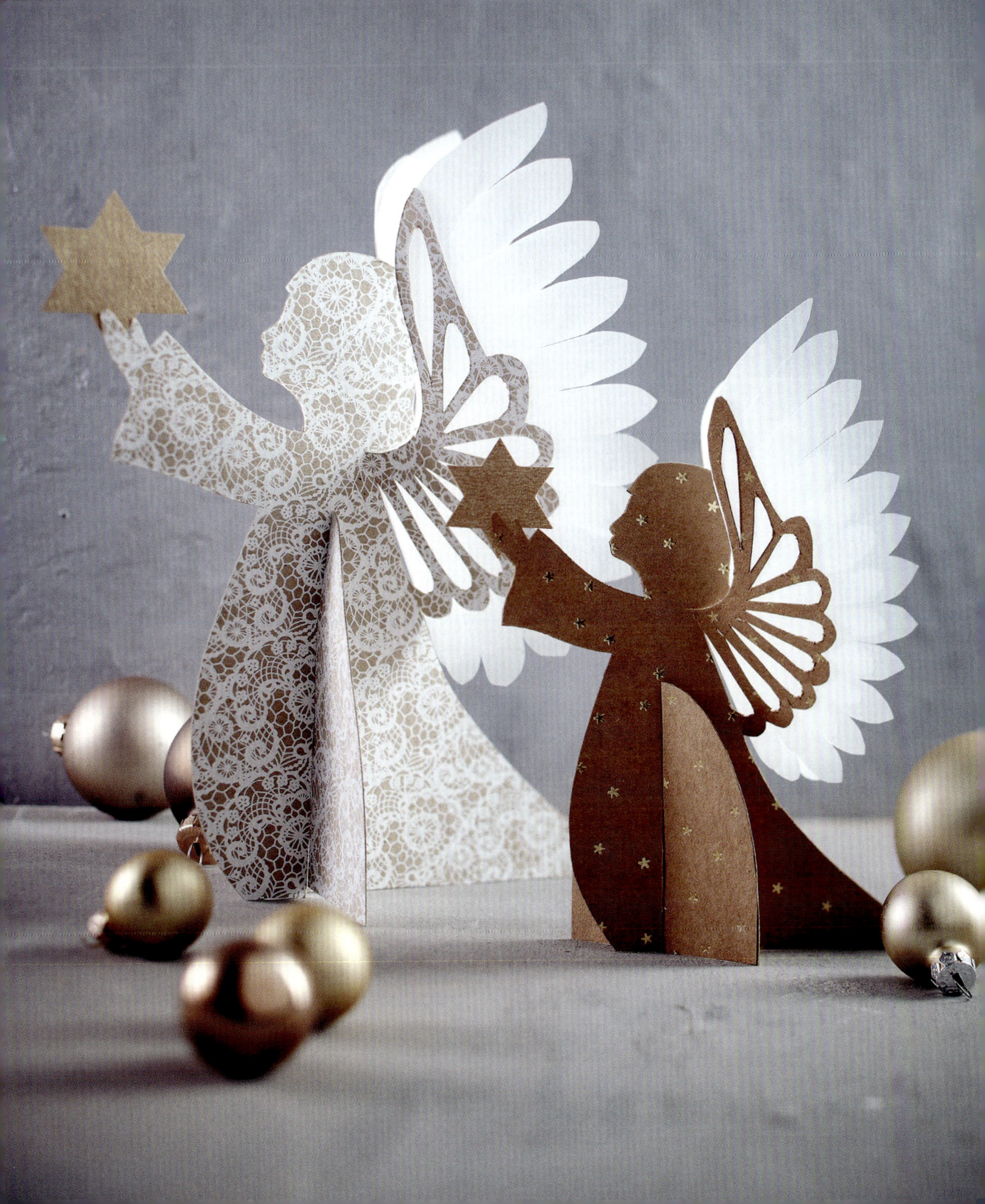

Zauberhafter Winterwald

setzt den Tisch schön in Szene

MOTIVGRÖSSE
17 cm x 83 cm

MATERIAL

* 3x Tonkarton in Grün, A4
* 3x Transparentpapier in Weiß, 43 g/m² (Drachenpapier), A4
* UHU® Klebestift

VORLAGE
Bogen 4A, 4B

1 Jeweils drei Motivteile aus Tonkarton und drei Motivteile aus Transparentpapier mithilfe der Vorlagen zuschneiden. An den markierten Stellen die Sterne in das Papier schneiden. Beim Hasen den kleinen Bommelschwanz ausschneiden.

2 Die Tonkarton-Zuschnitte an den Klebeflächen verbinden. Die Transparentpapier-Zuschnitte auf der Rückseite der Tonkarton-Szene aufkleben. Dabei an den Verbindungsstellen etwa 1 cm weit überlappen lassen. Am einfachsten geht es, wenn der Tonkarton Stück für Stück auf der Rückseite mit Klebstoff bestrichen und das Transparentpapier aufgestrichen wird.

3 Das Papier zum Trocknen am besten mit Büchern beschweren oder unter die Schneidematte legen, damit es sich nicht wellt. Die fertige Waldszene an den Verbindungsstellen im Zickzack falten und auf dem Tisch aufstellen.

Mein Tipp für Sie

Wenn der Tannenwald in der Mitte des Esstisches aufgestellt werden soll, die Rückseite mit einem gegengleichen Tonkarton-Zuschnitt bekleben.

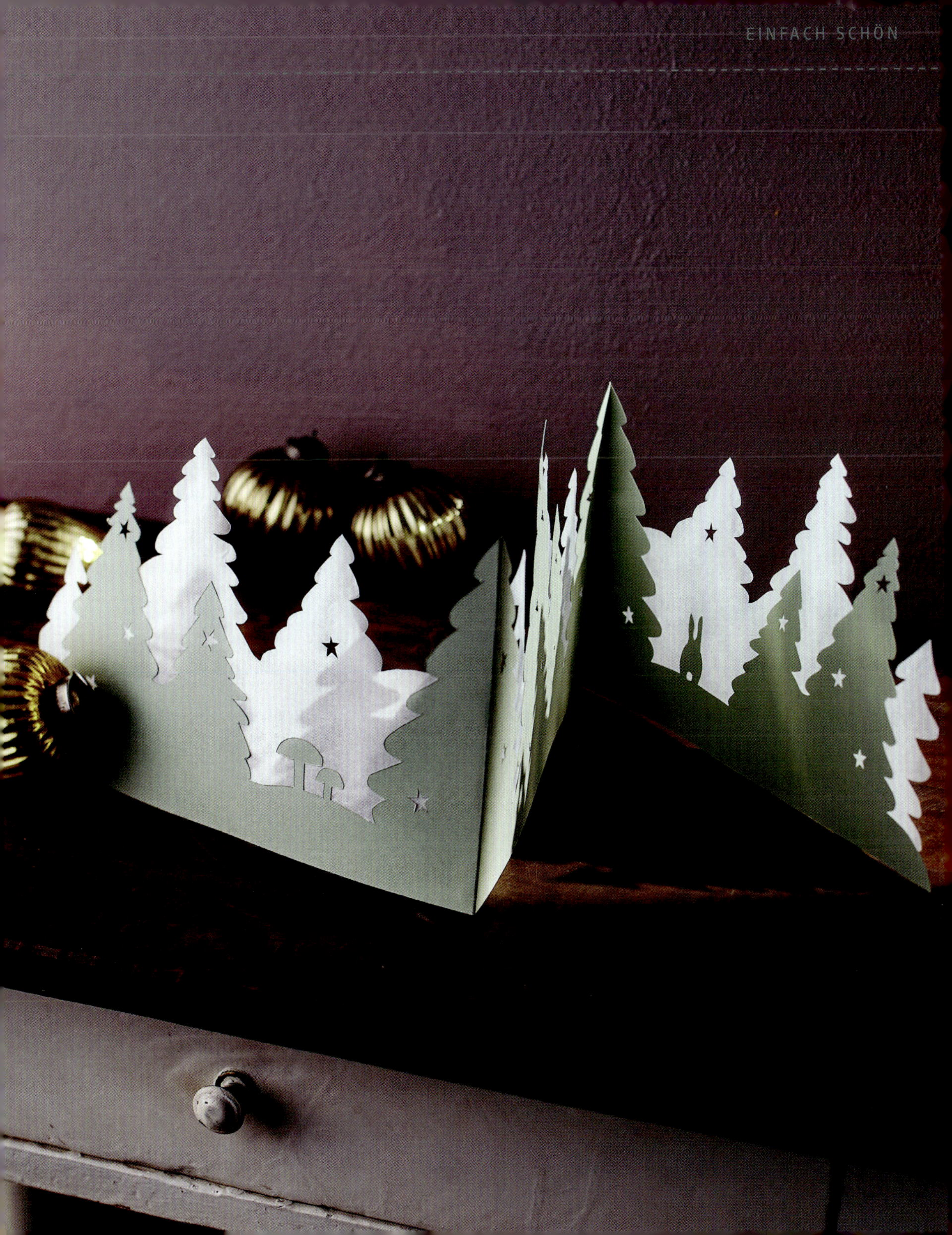

Eindrucksvoller Stern

dekorativ und stilvoll

MOTIVHÖHE
ca. 30 cm

MATERIAL

* 4x Transparentpapier in Weiß, 43 g/m² (Drachenpapier), A4
* 3x Butterbrotpapier in Weiß, A4
* 2x Schreibpapier in Weiß, 80 g/m², A5
* UHU® Alleskleber
* Faden in Weiß

VORLAGE
Bogen 2A

1 Damit das Papier zugeschnitten werden kann, muss es zunächst gefaltet werden. Für Sternteil A die Transparentpapiere, für Sternteil B die Butterbrotpapiere und für Sternteil C die Schreibpapiere je zweimal zur Hälfte falten, sodass das Papier vierfach liegt.

2 Die Vorlagen mit den gestrichelten Linien bündig an den Faltkanten der Papiere anlegen, mit Heftklammern außerhalb des Motivs fixieren und die Zacken ausschneiden. Dabei können jeweils alle Papiere gleichzeitig zugeschnitten werden. Danach die Papiere öffnen und etwas glattstreichen.

3 Die Papiere, wie auf der hinteren Umschlagklappe beschrieben, im Zickzack falten und zu einzelnen Sternsegmenten kleben.

4 Die Sternsegmente jedes Sterns an den beiden äußeren Faltabschnitten im Kreis herum aneinanderkleben, sodass drei Sterne entstehen. Dabei am großen Stern an einer Klebestelle den Faden für die Aufhängung einlegen.

5 Den mittleren Stern auf den Großen kleben und darüber den kleinen Stern anbringen. Den Klebstoff dazu auf der Rückseite auf den Faltkanten auftupfen. Darauf achten, dass die Falten der Sterne gleichmäßig verteilt sind. Gut andrücken und trocknen lassen.

Mein Tipp für Sie

Soll der Stern frei im Raum hängen, kann die Rückseite ebenfalls mit einem mittleren und einem kleinen Stern beklebt werden.

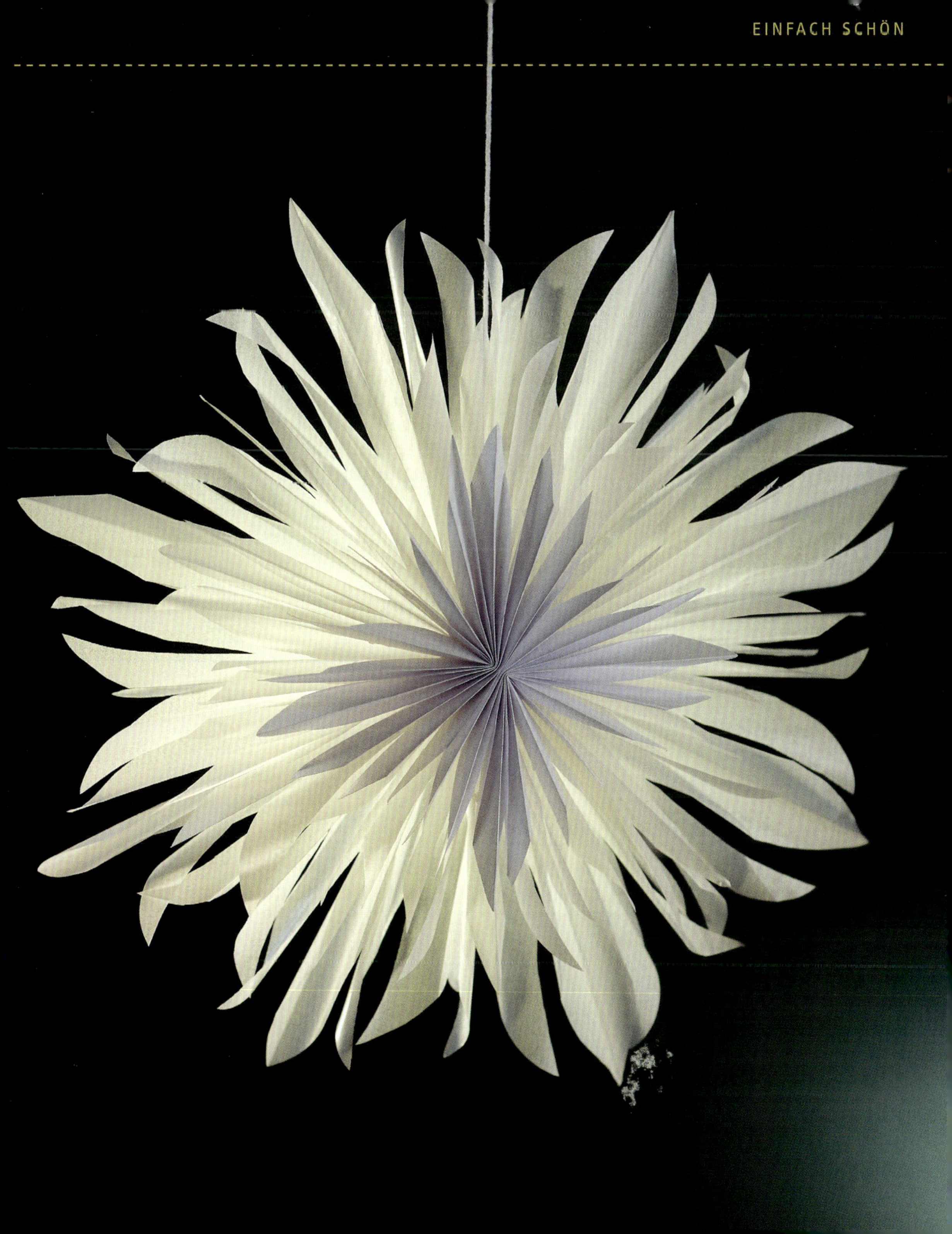

Erhellte Landschaft

im schlichten Rahmen

MOTIVGRÖSSE
25 cm x 25 cm

MATERIAL

- 4x Transparentpapier in Weiß, 80 g/m², 25 cm x 25 cm
- Tonpapier in Silber, 25 cm x 15 cm
- Transparentpapierreste in Pastellgelb und Hellblau
- UHU® Klebestift
- Bilderrahmen, Innenmaß 23 cm x 23 cm, Außenmaß 25 cm x 25 cm
- LED-Teelicht oder Mini-Lichterkette

VORLAGE
Bogen 1A, 2B

1 Die einzelnen Teile des Wintermotivs mithilfe der Vorlagen aus den Papieren ausschneiden. Die Kreise für die Sonne aus dem pastellgelben Transparentpapierrest zuschneiden und mit dem Klebestift aufeinander kleben. Die separate Front der Kirche (Teil 2b) aus dem hellblauen Transparentpapierrest zuschneiden und mit dem Klebestift auf den Transparentpapier-Zuschnitt 2a kleben.

2 Die einzelnen Papierlagen aufeinander kleben. Teil 5 befindet sich ganz unten, Teil 1 ganz oben. Den Klebstoff sparsam auftragen, nur am äußeren Rand und an den Spitzen der innenliegenden Motive. Bei Teil 2 und Teil 3 darauf achten, dass die Dachkante genau zwischen dem Dach und der Mauer des Kirchturms verläuft. Nach jeder Lage den Stapel wenden, sodass Teil 5 oben liegt, und mit der Hand alles glattstreichen. Zum Schluss die Sonne aufkleben. Trocknen lassen.

3 Das fertige Bild im Rahmen anbringen. Die Rückwand des Rahmens nicht wieder einsetzen, damit das Bild von hinten mit dem LED-Teelicht oder der Mini-Lichterkette beleuchtet werden kann.

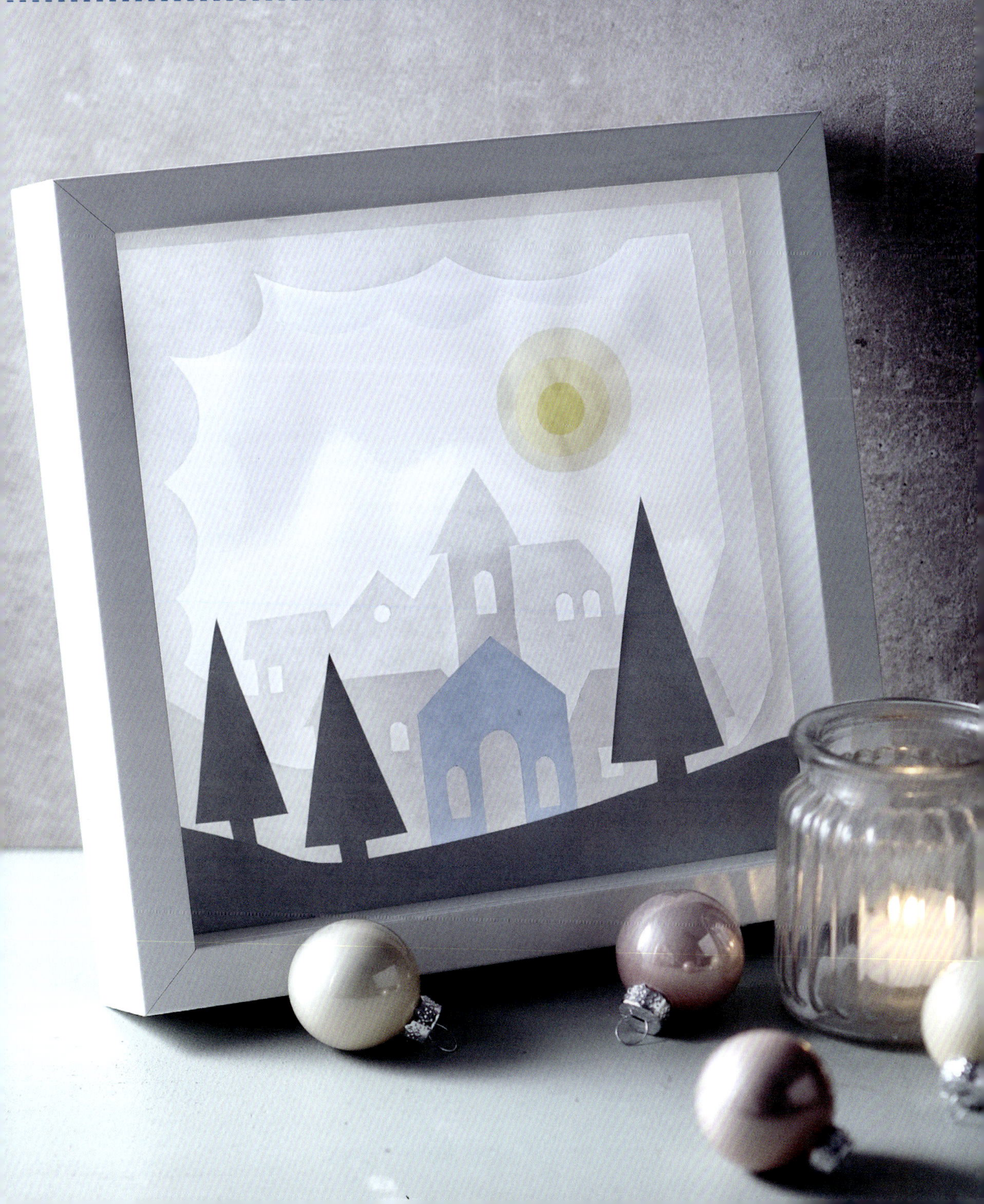

Karten mit Durchblick

überbringen liebevolle Weihnachtsgrüße

MOTIVGRÖSSE
A6

MATERIAL

* Doppelkarte in Weinrot oder Creme, A6
* Tonpapierrest in Gold-Metallic
* UHU® Alleskleber
* Transparentpapier in Rosa oder Pastellgelb, 115 g/m², A4
* Transparentpapier in Weiß, 115 g/m², ca. A6
* schmales Satinband in Rosa oder dünne Satinkordel in Gold, 40 cm lang
* Feuerzeug

VORLAGE
Bogen 1A, 2B

1 Die Vorlage für den Kreisausschnitt der Karte an der Kontur entlang sauber ausschneiden. Die Vorlage bündig auf die Vorderseite der Klappkarte legen und im Kreis mit ein paar Heftnadeln festtackern. Den Kreis ausschneiden.

2 Den Hirschkopf bzw. den Hirsch aus dem goldfarbenen Tonpapierrest ausschneiden. Dabei mit den feinen Schnitten am Geweih beginnen. Den großen Hirschkopf so in den Kreisausschnitt der Karte kleben, dass das Geweih oben herausragt. Die untere Kante des Motivs befindet sich in der Karte. Den kleinen Hirsch am unteren Rand von hinten in den Kreisausschnitt der Karte kleben.

3 Die Ringe aus dem rosa bzw. pastellgelben Transparentpapier ausschneiden. Die Ringe am Rand entlang dünn mit Klebstoff bestreichen und aufeinanderkleben. Ring 1 liegt oben. Die Ringe hinter den Ausschnitt der Karte kleben.

4 Aus dem weißen Transparentpapier das große Rechteck ausschneiden, am Rand entlang mit Klebstoff bestreichen und im Inneren der Karte hinter das Motiv kleben. Gut andrücken und trocknen lassen.

5 Die Karte mit den Glückwünschen beschriften und mit dem Satinband bzw. der Kordel verschließen. Die Enden mit der Schere kürzen und vorsichtig mit dem Feuerzeug versiegeln, damit sie nicht ausfransen.

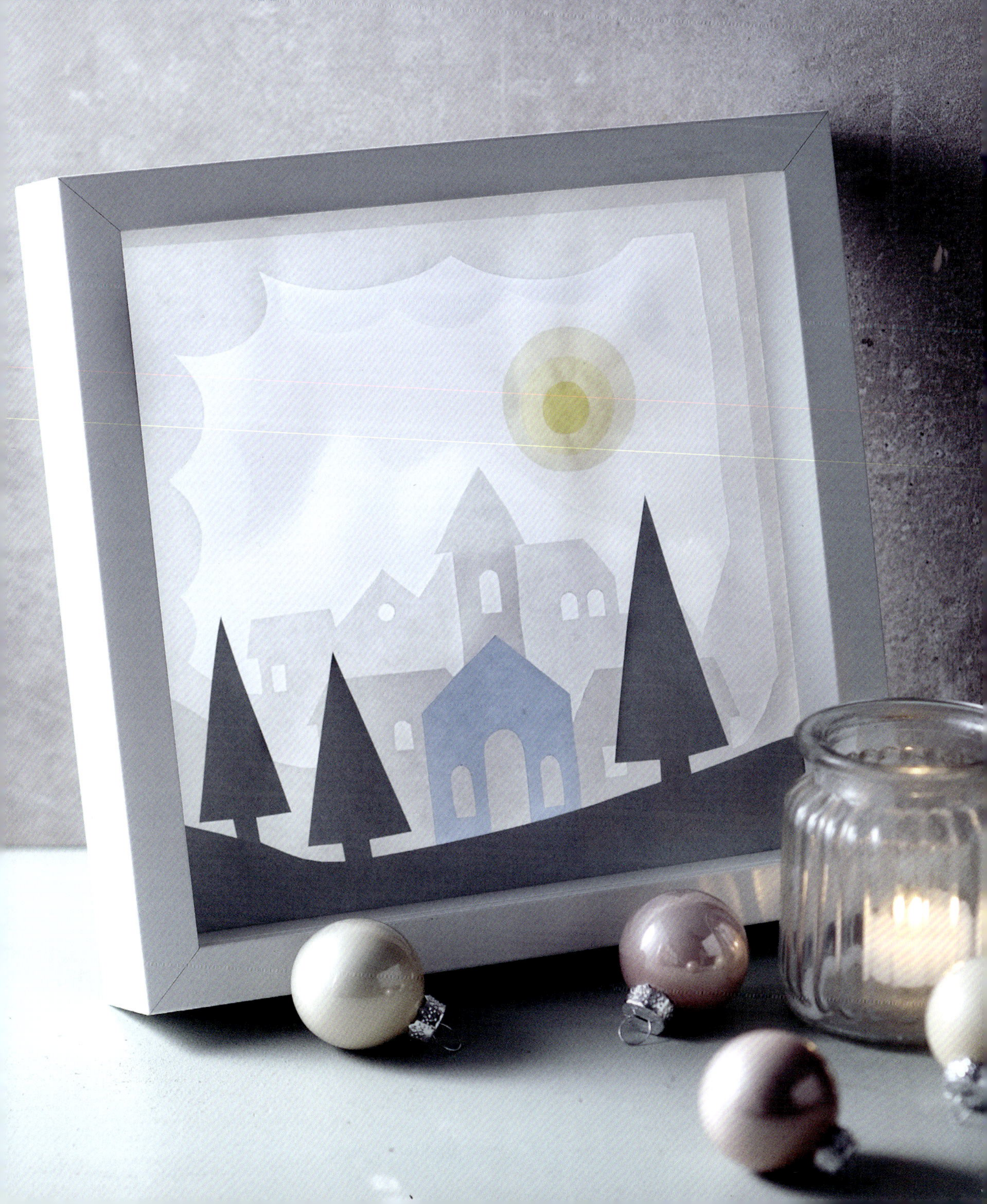

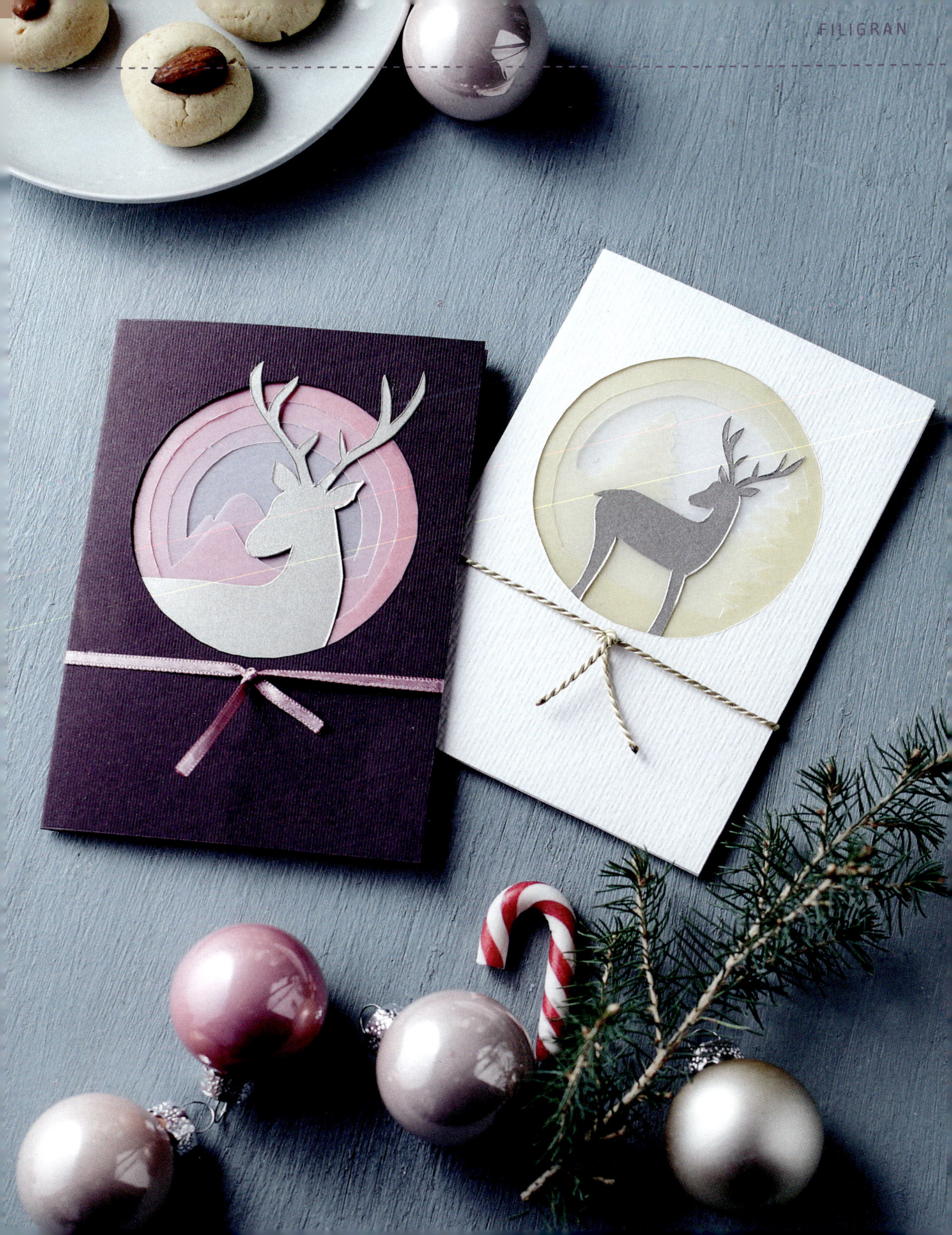

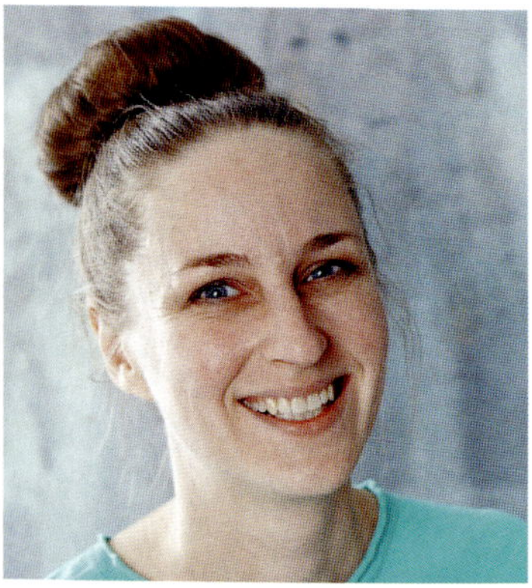

Susanne Pypke liebt kreative DIY-Ideen, probiert ständig neue Techniken und macht am liebsten alles selbst. Schon als Kind gab es für sie nichts Schöneres, als mit Säge, Nadel und Schere zu experimentieren. Nach verschiedenen Stationen in der Medienbranche hat sie vor rund zehn Jahren ihre Leidenschaft zum Beruf gemacht. Inzwischen sind zahlreiche DIY-Bücher mit ihren Ideen erschienen. Auch im Fernsehen gab es schon Tipps und Tricks von ihr. Am meisten genießt sie das gemeinsame Basteln mit Kindern, Nachbarn und Freunden.

TOPP – Unsere Servicegarantie

WIR SIND FÜR SIE DA! Bei Fragen zu unserem umfangreichen Programm oder Anregungen freuen wir uns über Ihren Anruf oder Ihre Post. Loben Sie uns, aber scheuen Sie sich auch nicht, Ihre Kritik mitzuteilen – sie hilft uns, ständig besser zu werden.

Bei Fragen zu einzelnen Materialien oder Techniken wenden Sie sich bitte an unseren Kreativservice:
hilfe@frechverlag.de
Telefon 0711 / 123 757 20

Das Produktmanagement erreichen Sie unter:
pm@frechverlag.de
oder:
frechverlag
Produktmanagement
Dieselstraße 5
70839 Gerlingen
Telefon 07 11 / 8 30 86 68

LERNEN SIE UNS BESSER KENNEN! Fragen Sie in Ihrem Hobbyfach- oder Buchhandel nach unserem kostenlosen Magazin „Meine kreative Welt" darin entdecken Sie zweimal im Jahr die neuesten Kreativtrends und interessantesten Buchneuheiten.

Oder besuchen Sie uns im Internet! Unter www.topp-kreativ.de können Sie sich über unser umfangreiches Buchprogramm informieren, unsere Autor:innen kennenlernen sowie aktuelle Highlights und neue Kreativtechniken entdecken, kurz – die ganze Welt der Kreativität.

Kreativ immer up to date sind Sie mit unserem monatlichen Newsletter mit den aktuellsten News aus dem frechverlag, Gratis-Bastelanleitungen und attraktiven Gewinnspielen.

IMPRESSUM

FOTOS: lichtpunkt, Michael Ruder, Stuttgart (Modellfotos); Susanne Pypke (Schrittfotos)
PRODUKTMANAGEMENT und LEKTORAT: Lara Franke
HERSTELLUNG: Adelina Tesija
COVERGESTALTUNG: Tatjana Weiß
SATZ: Fotosatz H. Buck
DRUCK und BINDUNG: Tiskárna Grafico s.r.o., Tschechische Republik

FSC www.fsc.org MIX Paper from responsible sources FSC® C114952

Penguin Random House Verlagsgruppe
FSC® N001967

2. Auflage 2023

ISBN 978-3-7358-5172-7 • Best.-Nr. 25172